JN074973

人生、上に行く人、落ちる人

——幸福へ導く心のコントロール方法——

大海 行雄
Daikai Yukuo

風詠社

まえがき

私は二五歳の時に幸せとか、不幸せは外の世界は関係なく、すべて自分の心が決めていることに気付き、それなら心さえコントロールできればすべての人が明るく、元気で、活き活きと生きることができるのではないかと思い、以後、心の研究を現在まで四五年間行いました。

そして簡単に自分の心をコントロールする為にはどうしたら良いか、また上に行く人と下に落ちていく人は何処が違うのかといったことや、明るく元気で、活き活きと生きるにはどうしたら良いかといったことをまとめて書いてきました。

そして、このたび、若者には希望を持たせ、お年寄りには老後の不安を無くさせるために、本としてまとめました。

科学はもの凄い勢いで進歩していますが、人の生き方は二〇〇〇年前も今もほとんど進歩していない現状なので、生き方のレベルアップの流れを作ることも、目的としています。

序文

私は二〇歳くらいから一生かけてやる大きな目標を持ちたいと思っていました。そして二五歳の時に自分のこと（思い）は、すべて自分の心が決めていることに気付いて、以後どうしたら心をコントロールできるかの研究を始めたわけですが、しかし心をコントロールするといったことはなかなか難しく、何時まで経ってもできず、達成すべき大きな目標を持っていただけに、四〇歳を過ぎるとあせってくると、この本にも記しました。

四二歳くらいの時が、そのあせりのピークでした。仕事は残業、残業でめちゃくちゃ忙しく、体はぼろぼろに疲れてくるし、家を買ったら静かな所を選んだつもりだったのに、飛行場が近くに有る為に、購入時は夏場の東、南風で聞こえなかったが、冬場の西、北風の時はうるさくて寝にくいうえに、家はシロアリに食われていることが後で分かったし、糖尿病は悪化してしまい最悪の状態になってしまったのです。

四七歳の時に、このままではどうしようもないので、とりあえず〝最高に生きる〟

ためにはどうしたら良いか調べるために、一年間は役に立つ本を読み、三年後に最高に生きるための本を出すことを目標に決め、かたっぱしから関係する本を読みまくりました。

本を読み始めて三年後、今まで精神的なものでは自分よりはるかに上であると思っていた人たちが、いつの間にか飛行機に乗って上から地上を見ているように、下の方でどうでも良い小さい事で右往、左往していたことにふっと気が付きました。

仕事も転職し、楽な職場に替わり体調も良くなったし、家も窓を二重サッシにしたら寝ていても気にならない程度の騒音になりました。またシロアリに食われていた件も阪神大震災があった時でも、少しひび割れが大きくなった程度で別に問題が無いことが分かったのです。

今では心も体も好調になり、金銭面でも質素な生活をすればなんとか食べていけるし、不安も無くなり、明るく元気で活き活きと生きることが出来るようになりました。

この中で私が学んだことは、人生は何を見るかですべてが決まってしまうということであった。

私の場合は最高に生きるためには、どうしたら良いかだけを見ることによって、すべてのことが好転したのである。

目次◉人生、上に行く人、落ちる人

第三部　総まとめ

すべては自分の心が決めているのである

正しい・良いこと・良い人・良い町・信頼できる・幸せ・起こったことの大きさ・綺麗・優れている・肥えている・運が良い・正義・正しい・自分の過去に起こったことが、良い出来事かまで、自分の思いはすべて、外の世界は関係なく、自分の経験を元に、自分の規範で自分の心がすべて決めているのである。

同じことを見ても、一人、一人違う。

またその人が信じていることが、実際に真実でなくても、本人にとっては真実である。

本当の真実とは関係がない。いまだに地球が平らであると思っている人もいる。空から撮った丸い地球の写真を見せるとそれは作りものであると言うそうである。

第一部　心をコントロールする方法

第一章　心とは（心を極める）

◇心はそのことを見れば、見るほどに巨大になっていく

例えば、病気の心配ばかりしていたら、どんどん、病気が悪くなっていき、ただのおできでも癌になってしまうかもしれない。

不安や恐怖心も、見れば見るほどに不安、恐怖心が大きくなっていく。

◇何でも、少しずつでも、やり始めたら、モット、モットの法則（私の造語）が働き今やっていることが継続し肥大する

気の重い掃除でも、やり始めるとあっちも、こっちも、やりたくなってくる。

逆に辛いことを、少し緩めると、どんどん緩んでいく。

◇**心は見たものに反応する**

火を見なければ修行僧が火の上も歩ける。苦しさを見たら修行などできない。

一〇メートル以上の高い所で作業している人も下を見たら恐怖を感じるし、クラ

イミングをやっている人でも下を見たら、恐怖心で固まることが有ると本に載っていた。

辛さを見なければ、辛さが消えて無くなる。

◇心は一度に二つのことを、思うことができない

嬉しいことと、気の滅入ることを一度に思うことはできない。

一度に色々考えているように見えても、意識が集中していないだけで、瞬間、瞬間で見ると、いま考えていることだけが全てである。――ナポレオン・ヒル著『成功哲学（監修者・柳平彬）産業能率短期大学出版部』より。

したがって役に立つことを見れば、害になることは見なくて済む。

また自分にとって、見ていないものは存在しないのと同じである。量子論と同じようなものである。

◇心はころころ変わる。心は上にも下にも簡単に行くし、大きくもなり、小さくもなる、心は常に揺れ動いているのである

心のレベルはいま見ているものに正比例する。良いことを思えば心のレベルが上がって行き、悪いことを考えると落ちて行く。

また自分が見た部分の世界が広がって行く。

◇心は自分の値打ちが上がったと思うと喜び、下がったと思ったら落ち込む

◇すべての人は心の奥底には、美しい真心を持っている

人は生まれた時には、みんな美しい真心を持って生まれてくるが、周りの環境に汚されて、下に埋もれてしまうのである。どんな悪党でも、できたら、人から尊敬される、立派な人間に成りたいと思っているが、周りの環境がそれを許さないのである。

◇心と環境は正比例する

オオカミに育てられるとオオカミになる。劣悪な環境下で子供を育てたら、美しい真心を持った。立派な人間になることは難しい。

環境を整え子供たちの心を汚さないようにすることが大事である。

◇人は見たものに引き寄せられる──引き寄せの法則が働く

酔っ払って自転車に乗っている時、電柱に当たりたくないのに、自分から当たりに行くことや、ゴルフで池に入れたくないのに、池に入れるのは、電柱に当たるところや、池に入れてしまった記憶を思い出し、見てしまうためである。

◇自分の思いは、自分にとっては、自分のすべてであるが、他の人には全く関係ない
自分の思いは自分にしか通用しない。

要点のまとめ

①ものごとは見れば見るほどに巨大になって行くし、モットモットと欲しがるようになっていくので、自分にとって役に立つものを見れば、人生が良くなって行き、害になるものを見れば、どんどん落ちていく
《人生は極めてシンプルである》

第二章　潜在意識の習性を利用して心をコントロールする

◇人はみんな、潜在意識を軽く見ている。潜在意識が自分の世界を創っているのである

自分が潜在意識に取り入れた内容（顕在意識で見たもの、聞いたもの、知ったこと、感じたことを、潜在意識はすべて蓄積している）で、無意識の内に行動している。

◇潜在意識は自分にとって役に立つものも、害になるものも、関係なく自分が思ったとおりに記憶するので、起こった事をどう取るかが大事である

潜在意識に役に立つことを入れるには、物事にはどんなことにも必ず、良い面と、悪い面の二面性が有るので、起こったことの良い面を見て、良いように取ることである。

ほとんどの人が、起こった事を悪く取って、無意識のうちに、自分に悪い暗示をかけている。

◇記憶する時に自分にとって役に立つものと、結びつける

そうすれば次に思い出した時に、良い感情になる。

記念旅行などを、良い思い出にするには、良かった所だけを記念旅行と結びつけて記憶する。

◇潜在意識は目標など、自分が思ったことを達成しようと自動的に働くので、とにかくやり始めれば、後は潜在意識が勝手にやってくれる

ただし害になるものをやり始めると、「もっと、もっと」と要求してしまうので、気をつけなくてはならない。

◇潜在意識は何かをするために予約を取ったり、準備をするとそれに向かって動き出す

気の重いことは早めに準備すると楽にできる。

◇潜在意識は自分にとって悪い出来事でも、有難うと言うと、自分にとって良い出来事が起こったと勘違いして、その事が自分にとって、役に立つ面を探してくれるので、何でも有難うと言うと、その出来事が良いことになる

有難うと言った者の勝ちである。

◇潜在意識は自分がイメージしたとおりに行う

人生も、自分も、自分のイメージどおりになって行く。

◇自分のことは、他の人がどう思うかではなく、自分がどう思うかである

いくら優れていても、自分がダメな人間であると思うと、ダメな人間になる。

◇そのことが出来るか、どうかは、周りの人がどう思っても関係ない、当人ができると思うかどうかである。当人ができると思えばできるし、できないと思ったらできない

できると思えば自信を持って行う為に、何かあっても対応できるし、できないと思ったら、最初から諦めてしまうので、達成できない。

◇潜在意識は簡単にだまされる

夏の熱い時に、涼しいと頭の中で唱えると、涼しさをイメージして涼しい感じがする。逆に熱いと言うとよけい熱くなってくる。他の事でも同じである。

◇潜在意識は言葉、動作に左右される（心と体は連動している）

☆プラス思考をして、明るい声で元気の出る言葉を使う。気の滅入る言葉をまき散らさない。

☆ニコニコ顔で生きていると、体も調子が良くなってくる。

☆ガッツポーズをすると、元気が出てくる。

要点のまとめ

①物事の良い面を見て、潜在意識に自分に役に立つことだけを入れ、害になるもの（悪い面）は極力、入れないようにすることが大事である

第三章　見るものをコントロールする方法

1．自分に役に立つことを見る方法

◇良い感情（感謝、希望、愛、喜びなど）を使い、悪い感情（怒り、嫉妬、恨み、不安、恐怖心など）は使わない

例えば病気の心配ばかりしていると病気が悪化して行くし、病気だけで人生が終わってしまうことになりかねない、また不安・恐怖・怒り・嫉妬・自分を駄目な人間だと思うことなどを見ているとどんどん下に落ちて、人生も身も心もぼろぼろになってしまう。したがって自分の役に立つことだけを見る（思う）ようにして、自分にとって害になるものは極力見ないようにすることが大事である。

◇気の滅入るようなことは考えない

◇自分の優れている所、良い面を見る

自分の悪い所ばかりを見ると自信を無くして、自分がボロボロになる。

◇**人、街の良い所を見る**

人も街も、悪い所を見て好きになることはできない。

◇**自分にとって優先順位の一番高いものだけを見る**

そうすれば小さいことを気にしないで済む。

◇**言葉を管理する**

積極的な言葉、明るく元気になる言葉を使い、消極的な言葉、こまった、弱った、情けない、腹がたつ、助けてくれなど気が滅入る言葉や汚い言葉は使わない。

――（中村天風の会）より。

ほとんどの人が無意識にものごとを悪く取って、それを口に出して、自分に悪い暗示をかけている。

◇**目標を持つ**

自分にとって害になるものは見ないようにしたくてもなかなか難しく、どうでも良いことや、心配してもどうにもならないことで思い悩んでしまうことである。それらの対策として一番良い方法は大きな目標を持つことである。そして目標を達成することだけを考えるようにすれば、自分にとって害になるもの（悪い感情、小さいどうでも良いことなど）は見ないで済む。

目標を持つことで、自殺まで考えたが、立ち直った人もいる。

現在、大きな目標を持っていない人はとりあえず、最高に生きる（以降、「2.最高に生きることのすすめ」を参照）ことを目標にすると良い、最高に生きることを目標にすればそれ以上の生き方はないし、すべてが含まれるので絶対間違いのない生き方である、そうすれば自分のレベルを上げてから目標を捜すことができ、より良い目標を選ぶことができる。

最高に生きる生き方は、どう生きなくてはならないと決まってはいないので、自分に合った生き方をめざせば良いと思う、そして自分なりに最高に生きる方法を確立することである。その後、他に目標が出来たらその時点で切り替えれば良い、ただし目標は二つ持つことである。そして一つは自分を磨き、魂を磨くことを目的とする、そうすれば困難に遭っても自分を磨く絶好のチャンスになるので苦難を役に立てることができるし、目標を二つ持つことによって片方が行き詰っても、もう片方をやっている間に対策が浮かぶので行き詰ることがない。

もう一つの方は通常の目標で良いが、自分の得意なもので勝負すること、好きでないと大きなことはできない、また世の為、人の為になることにするのが大事である、自分の人生をぜんぶ賭けるわけだからお金を一〇〇億作るとか大きな家を建てるとかは、例えできてもあの世には持って行くことはできないし、それだけのことをしようとしたらそれに見合う、多くのものを犠牲（親、兄弟、子供などを捨てる事など）にしなくてはならないので、自分の人生と見合うだけのものでなくては、死ぬ時に後悔することになる。

要点のまとめ

①良い感情を使い、悪い感情は極力使わない

②目標を持つ

自分に役に立つものを見る一番良い方法は、大きな目標を持つ事であり、いま目標を持っていない人は、とりあえず最高に生きる事を目標にして、自分なりに最高に生きる方法を確立することである。そうすればよりレベルの高い目標を持つことができる。

2. 最高に生きることのすすめ

最高に生きることを目標にし、自分なりの最高に生きる方法を確立すれば、最高の人生に繋がる

⑴最高に生きることによって得られる利益

☆幸せになれる。
☆明るく元気で活き活き、と生きることが出来るようになる。
☆自分なりの最高に生きる方法を確立すれば、誰でも簡単に変わることができる。
☆自分の最高に生きる方法を研究すると、思い悩むことが減り、楽に生きることができる。
☆心のレベルが格段に上がる、これは知らない間に、気が付いたら飛んでいる飛行機から地上を見ているような状態になる。
☆ものが良く見えるようになり、自信を持って生きることができる。
☆自分の害になる感情は、最高に生きる為には縁のない感情であるので、確実に減す

ことができる。

☆最高に生きることを目標にすれば一〇〇パーセント上に行く生き方ができる。例え、自分が思っていたより五〇パーセントだけしか、達成できなかったとしても、人生が五〇パーセント良くなるわけであり全然違う自分になれる。

☆老いることや病気を受け入れることができるようになるため、老後の心配が減らせる。

☆自分を磨き、魂を磨いて最高に生きることだけを見ていれば、心の病気には一〇〇パーセントかからない。心の病は自分にとって害になるもの（悪い思い）を見るから病気にかかるのである。

☆自分なりに精一杯生きたと思える為に、死ぬことが怖くなくなる。今まで何もしていないから、死ぬのが怖くなるのである。

☆最高に生きるとは人に良くしてあげることが絶対条件であるため、人と仲良くやって行くことができる。

☆どうでも良い小さい事に囚われる事が減らせる。

☆大きな目標を持つと辛抱もできるし人物も大きくなる。

☆何かを決める場合、最高に生きる為には、どうしたら良いかで判断すれば良いため、迷わないで済む。
☆生きるうえでの、大事なものが見えてくる。

要点のまとめ

①心のレベルが格段に上がって、ものが良く見えるようになり、飛んでいる飛行機から地上を見ているような状態になる
②生きるうえでの、大事なものが見えてくる

(2)最高に生きるとは

☆どんな時でも明るく、元気で、活き活きと生きることである。
☆自分の理想どおりの人生にする（理想の自分、理想的な生き方）。
☆現実を受け入れたうえで、いま自分にできることを精一杯やることである。
人事を尽して天命を待つといった生き方。

☆良い感情だけで生き、心配・恐怖・怒り・嫉妬など悪い感情とは無縁な生き方。
☆最高に生きるとは、立派な人間になることである。
限りなく人間性を高める生き方。
☆命は限りあるものと肝に銘じ、無駄に過ごさないこと。
命を大事に生きる。
☆すべての事を肯定的に受け取る生き方である。
起こることも、あるものも自分にとって必要である。
☆死ぬときに後悔しない生き方をする。
死ぬときに精一杯生きたと思える人生にする。

要点のまとめ

①いま自分にできることを精一杯やる

(3)最高に生きる方法

☆まず最高に生きると決めること、これで五〇パーセント達成である、残りの五〇パーセントは本を読んだりして人の生き方を学びながら最高に生きるための研究（自分で実践しながら、良いと思ったことを、取り入れて行く）を行っていく。

良書（偉人伝や古典、その他自己啓発書）を徹底的に読んで超天才の生き方を学び、最高に生きる為にはどうしたら良いかだけを考え、自分なりの「最高に生きる方法」を確立する。

読書ほど役に立つものはない、超天才が一生かけてつかんだ、真理をわずか二時間そこらで知ることが出来るのである。

☆人にも物にも自分にも良いエネルギーを送る。

良いエネルギーも、悪いエネルギーも、確実に自分に一〇〇パーセント返って来る。

特に自分はダメな人間であるとか、運の悪い人間であるなどは絶対に考えない。

☆絶対に害になるものは見ないで、自分の役に立つことだけを見るようにする。

何でも役に立てれば、良いことになる。

☆自分の損得だけで生きずに世のため、人のために働く。
　利他で生きる方法。
☆小さいことで良いので世の中の役に立つことをやっていく。家周りの掃除、道路のごみ拾い・公園の草取りなど。
　寝たきりの人でも微笑したり、優しい言葉をかけたりするだけで、社会の一隅を照らすことができる。
☆自分の損得（昇給など）は考えず仕事を一生懸命にやる。仕事は大昔には一人で家を造ったり狩りをしたりしていたが、現在は皆で細かく分業して助け合って生きているわけで、仕事を頑張って自分の持ち分以上にする事が、世の為、人の為になる。
☆少ないお金で良いので寄付をする。
☆無報酬の役を積極的にやっていく（子供会、老人会などの役員）。
☆一日一善を実行して行く。
☆自分の周りの人を喜ばせる。
　ただし親切の押し売りはしない、相手が喜ぶとは限らないので、相手が喜んでいるかを、確認しながらやることが大事である。顔を見ていると喜んでいるか、嫌がっているかは分かる。

☆自分の得意なもので、世の中にお返しをする。それが自分を最高に活かすことにもなる。

要点のまとめ

①まず最高に生きると決めること、これで五〇パーセント達成である、残りの五〇パーセントは本を読んだりして、人の生き方を学びながら、最高に生きる為の研究（自分で実践しながら良いと思ったことを取り入れて行く）を行っていき、自分なりに最高に生きる方法を確立する

第四章　心を切り替える方法

1. 見る角度を変える

◇起こったことの良い面だけを見て自分の役に立てる

例えば、起こった苦難をどう自分の役に立てるかを考える。役に立てれば良かったことになる。

起こったことを、良いことにするのも、悪いことにするのも、ぜんぶ自分が決めることである。

◇何でも利用して、自分の役に立てる

起こったことも、有るものも、ぜんぶ自分にとって、必要である。

風邪をひいたり、おできなどができたりしたら、体から毒が抜けていると取る。

人間にとって、風邪もおできも必要である。この世に不必要なものは無い、不必要なものは、進化の過程でぜんぶ無くなっている。

◇大きな失敗や、悪いことが次から次に起こった時は、ジタバタしないで、長い人生、良い時もあるし、悪い時もあると考えて、間を置く

頭では分かっていても、その時になったら、苦難に囚われ、忘れるので注意する。また悪いことが出てくれたから、後は良いことだけであると考える。

◇客観的に見れば、物事が良く見える

客観的に見るには、「外の世界はあるだけ」と唱える。そうすれば自分の気が外せる。

人を客観的に見るには、「ああいう人や」と唱えるだけで良い。街や店を客観的に見るには、「こういう所や」と唱えれば、自分の主観を入れないで済む。

◇自分がどのような状態か、気づくだけでよい。自分の感情を見れば、冷静さを取り戻せる

◇心を取り戻すには、現状から少しだけ心をずらせばよい

パニックになった時など、見るものをほんの少しだけ変えれば、気が移るため、自分を取り戻せる。まずは慌てないと言うだけで、自分を取り戻せる。

嫌な思いがする時は、どうでも良いと唱えると気が外せる。たいがい、どうでも良い小さいことである。

高齢になったら、パニックになりやすいので、パニックになった時に、どうするかを決めておく。

要点のまとめ

①起こった事の、良い面を見て、自分の役に立てる
②逆発想を行う

2．逆発想のすすめ

◇**楽をしようと思ったら、楽をしようと思わないことである**

楽をしようとしたら、苦しいことを減らそうとして、どうしても苦を見ることになる為、苦しい思いをすることになるし、欲には限界が無い為、何処までいっても苦を見ることになる。何もしないで寝ていてもあちこちが痛くなる。

楽の先に苦があり、苦の先に楽がある。

◇**苦しい時はより苦しいことを行う**

☆きつい運動などをする時に、よりきつくすると、辛いことを見なくて済むので楽にできる。

☆赤ちゃんが泣く時はうつぶせにすると泣き止む。

ただし、落ちついたらＳＩＤＳ（乳幼児突然死症候群）を防ぐためにも仰向けに変える。

☆足がつる時は、よけいつる方向に持って行く。

膝を伸ばしたまま座り、つった方の足の爪先をつかんで、ゆっくりと手前に引っ張る。

☆寒風の中で運動する時は、寒風を正面で受ける。

◇怖い時は怖い方に一歩足を踏み込む

ある本で読んだが、蜘蛛恐怖症の人が、自分が近づいて行ける、ぎりぎりの距離より、もう少しだけ近づけば恐怖心が無くなるのだそうだ。

◇体が重たい時や筋肉、筋がちぢんで固まっている時は、大きな負荷をかけるのが、一番早く体がほつれ、体がスッキリする

何もしないでいると、かえって、どんどん体が重くなり、辛くなる。

私は縄なしの縄跳びを一〇〇回以上やっている。

◇強く生きる　気合い負けをしない

☆辛い時は、辛さから逃げないで、負けてたまるかといって、向かっていく。

不安や恐怖は、逃げれば逃げるだけ追いかけてくるし、何事も嫌がれば嫌がるほどに、強く、大きく感じることになる。

また嫌がったり、嫌ったりするとよけいにまとわりついてくる。

☆楽な方か、辛い方かを選択する時は、辛い方を選ぶ。そうすれば後で楽ができる。

楽な方を選ぶと、どんどん、落ちて行く。

☆苦難を利用して、自分の役に立てる。

苦難を役に立てれば苦が無くなる。せっかく苦難がきたのである、役に立てなくては損である。

苦難もただの体験である。体験して成長するのである。体験にはマイナスは無い。

――（芳村思風先生の一語一絵のブログ）より。

☆何事も負荷をかけないと効果はない。負荷が大きいほど効果がある。

苦難や不安は逃げれば、逃げるほど、追いかけてくるし、巨大化する。立ち向かって行けば消えてなくなる。まるで、犬と同じである（巨大化はしないが……）。

◇力仕事は、力を抜いた方が、かえって力が入る

無駄な力を使わなくて済むため。

◇人にやって欲しい事を先にやって上げる、そうすれば自分に返ってくる

☆自分を信頼してほしかったら先に相手を信頼することである、自分を信用してくれない相手を信頼するのは難しい。

☆相手に敬して欲しかったら、先に相手を敬する、また人を上げれば、自分も上がる。

――（誠成公倫　講話）より。

☆味方になってほしければ、先に味方になる。

☆愛してほしかったら、先に愛する。

☆相手に大切にしてほしかったら、先に相手を大切にする。

☆相手の良い所を見てあげると、相手も自分の良い所を見てくれる。――（誠成公倫　講話）より。

☆相手に自分のことを、分かってもらえないと思っている時は、相手の気持ちを分かってあげる。そうすれば相手も自分の気持ちを分かってくれる。

☆受け入れてほしければ、先に相手を受け入れる。

☆相手に話を聞いてもらうには、自分が話すのではなく、相手の話を聞いて、相手の気持ちを知ることが大事である。

人は貰ったものを返そうとする。与えれば同じものを受け取る事になる。

◇お金が無くなる事が心配で不安な時は、寄付を行う

そうすればお金が無くなる不安から解放される。ロックフェラーは従業員が大規模なストを行い、資産をぜんぶ失うのではないかと、眠れない時期が有ったが、大金を寄付して、不安から解放された。

◇人に助けてもらうことが、相手を活かすことになる

自分の苦手なことは相手にお願いする。

――（芳村思風先生の一語一絵のブログ）より。

◇自分のことは一番分かりにくいので、人の苦い言葉は、素直に神様の言葉として聴く

これほど自分にとって役に立つ言葉はない。

◇何でも出せば、出すほど入ってくる

知恵でも、汗でも、お金でも出さないと入ってこない。（出典『常岡一郎一日一言』致知出版社）より。

◇苦しい時ほど、明るく、元気で生きて行く

そうすれば心も体も元気になる。

◇忙しい時ほど、物事を丁寧に行う

そうすれば、心に余裕が持て、ミスが少なく早くできる。

◇きついことをやる時は、できることに感謝していく

こんなことができるということは、健康である証拠であると思い、感謝してやって行く。

◇何かを成し遂げようとしたら、苦しめば、苦しむほど、良いものができる

深く掘り下げることができるため。

◇上手にやろうと思ったら、上手にやろうとしないことである

上手にやろうとしたら緊張してうまくいかない。一歩引く感じで行う。そうすれば緊張しなくて済む。

◇厳しい環境のほうが、緊張感が有るので、何時までも元気で長生きできる

うなぎの稚魚を飛行機で運ぶときに、うなぎの環境を良くすると沢山死ぬが、うなぎの天敵を横の水槽に入れると、うなぎが死なない。緊張感が自分を活かす。

要点のまとめ

①人はみんな、見るものを間違えているのである。自分が望んでいるものの、

逆のもの（苦難）を見ているために、苦難を大きくして、自分が望んでいるのとは、逆の方向に行ってしまっているのである。自分がしたい逆をすればたいがいのことはうまくいく

苦難や、不安は逃げれば逃げるほど、巨大になって追いかけてくる。立ち向かって行けば、消えて無くなる

3．錯覚（思い込み）

◇相手と意見がぶつかった時、どんなに自分が絶対に正しいと思っても、そんなことは絶対にありえないことを知る

みんな自分の経験を元にして判断し、ただ本人が、自分が絶対に正しいと思っているだけである。一〇人居れば、一〇人とも同じものを見ても、全員受け取り方が違う。この世に絶対に正しいということは無い、自分が思っているだけである。良い例が宗教戦争である。

自分の思い（良いとか、正しいとか、優れているとか）は、真実ではなく、ぜんぶ自分が、勝手に決めているのである。

自分がどんなに強固に思っても、真実とは限らないし、自分の思いは、自分だけにしか通用しない。

◇人は外の世界で起こることで、人生が決まると思っているが、実際はどういう人生を送るのも、どういう人間になるのも、自分が決めていることであり、自分に関することは最終的には、すべて自分が決めていることである

外の世界はただ有るだけである。料理でいったら外の世界は食材であり、自分がどう料理するかだけである。

◇悩みはすべて、自分の心が作っているのである

同じことが起こっても、思い悩む人もいれば、全然、気にしない人もいる。

◇病気や起こったことの、大きさは、ぜんぶ自分が決めているのである

同じ重さの病気でも、人によって捉える重さが違う。

◇この世に当たり前ということは無い、当たり前のことほど感謝して行く

――（誠成公倫　講話）より。

当たり前のことほど出来なくなったら、身に染みることになる。

◇人は自分の環境があたりまえと思って、不満をもっている

今も戦争を行っている国があり、世界中で飢餓人口が増加していると言われている。自分の環境に感謝する。

◇人は自分に都合の良いように解釈する

人は自分が悪い事をしているとは思わずに、これ位なら問題ないと、軽い気持ちで、ゴミを捨てたり、花泥棒をしたりしているのである。

人によって、「これ位」の大きさ（範囲）が異なる。そのために相手に害を与えトラブルが発生するのである。

要点のまとめ

①自分がどんなに、絶対に、正しいと思っても真実とは限らない。自分の経験を元に、自分の規範で自分が勝手にそう思っているだけである。自分の思いは、自分にしか通用しない。聴く耳を持つ

②今ある人生は自分が今までに、行ってきた結果であり、今やっていることが、将来の自分を造るのである

自分の人生は、ぜんぶ自分が決めているのである。

4. 自分の心の状態を知る

◇外の世界がどう見えるかで、自分の心の状態が分かる

人の良い所が見える時は、自分の心の状態が良く、人の悪い所が見えるということは、自分の心の状態が悪いということである。

心の状態が良い時は、相手の良い所をまねしようと良い所を見るが、心の状態が悪いと相手を引き降ろそうとして悪い所を見るのである。

◇起こったことをどう捉えるかで、心の状態が分かる

起こったことを良く取ることができる時は、心の状態が良く、悪く取りやすい時は、良くない。

◇自分の周りの状態で、自分の心の状態が分かる

自分にとって居心地が良い所が、自分の心と等しい所である。

また部屋の中の状態と自分の心は同じ状態である。部屋が散らかってきたら自分の心もそうなっていると思ってまず間違いない。

◇自分のやるべきことができていないと、人に色々と言いたくなる

やるべき事ができている時は、相手のやっている良いところが見え、できていないと、やっていない所が見えて、相手に責任を押し付けて、クレームを付けたり、求めたりするのである。

まずは自分のやるべき事をきちんとやって行く。――（誠成公倫　講話）より。

◇言葉使い、態度で心の状態が分かる

人は心の状態が悪くなると、言葉使い、態度が表情やしぐさに出てくる。

また自分に引け目があると、言葉がきつくなり、相手を責めるので注意すること。

◇鏡を見れば自分の状態が分かる

人間の心の状態は顔に出る。

◇自分が真剣に生きているかどうかを見るには、延命行為を求めるか、求めないかで分かる

延命行為を求めるということは、今まで何もやっていなかったことに気付き、死ぬのが怖くなるのである。

いつ死んでも良いように、真剣に生きると、老齢になってお迎えが来ても、死を受け入れることが出来るが、チンタラ、チンタラ生きていると、死ぬ間際になって、

自分の人生を振り返った時に、何もしていなかったことに気付き、死ぬのが怖くなるのである。

◇人の悪い癖を見ていやな思いがするということは、自分にもそんなところが有ると思ってまず間違いない

自分にも同じところがあると無意識ではあるが、気にしている。そのため、気になるのである。自分を見直してみる。

要点のまとめ

①外の世界は自分の心の鏡である

5．その他

◇囚われない方法は、割り切ることである

人のことは人に任せ、花のことは花に任せる。私はボランティアで岸和田市鉄工団地緑地の花壇に、自分で花を買ってきて植えているが、よく取られるし、枯れることもあるが、花の運命は花に任せて腹を立てないことにしている。

◇いやな思いは吐き出し、気の滅入ることは考えない

◇忙しくて、気が焦って、いらいらする時は、あれも、これも、一度にやろうとせずに、一つずつ片付けていく

そうすれば集中できるし、一つ終わる度に、心が落ちついていく。

◇行動すればそれに見合った精神状態になる　――（誠成公倫　講話）より。

良い行いをすれば、自分が立派に思え、自負心が高まる。悪いことをすれば、気がすさんでいく。

◇自分の状態が悪い時は、丁寧な言葉使いをしていくと、心の状態が良くなる

第二部　その他、生きるうえでの参考項目

1. 不安にならない方法

◇自分がどんなに思い悩んでも、外の世界は何も変わらないことを知る

自分がどんなに思い悩んで、のたうち回ろうと、外の世界には何も関係がないし、外の世界は何も変わらない。自分が勝手に思い悩んで、独り相撲を取っているだけである。

◇恐怖心を無くすには最悪を覚悟する、これはナポレオン・ヒルが考えだした方法であるが、非常に効果がある。――出典：ナポレオン・ヒルの（『思考は現実化する』きこ書房）より。

最悪を見ると、心が落ちつく、どうなるか分からないという状況が、一番恐怖心を生む。人は覚悟を決めたら、恐怖心が無くなり、強くなれる。

◇不安は自分が勝手に思っているだけの、ただの妄想である。**不安は真実とは関係ない**

◇ぜんぶ受け入れる

同じことを見ても、気にする人もいるし、しない人もいる。

何でも「ハイ、ハイ」と返事してやって行く、起こったことに、逆らえば逆らうほどに、苦しむことになる。

◇執着心が苦を生むのである。何事にも執着しないようにするこれは思った以上に効果がある

執着心を外せば気が楽になる。イライラして腹が立つ時は、何に執着しているかを見れば、執着心を捨てることができる。

◇みんな不安と闘いながら生きているのである

年を取ったら、病気や死ぬことが、不安になるのは、自分だけではない、みんな同じである。自分だけと思ったら怖くなる。

◇自分のこと（健康、お金などの心配）を考えると不安になる。利他で生き、人の喜ぶことをやって行く

そうすれば、失敗しても自分が損をするわけではないので、不安や恐怖心に駆られることは無いし、自分の不安なことを見なくて済む。

◇取り越し苦労をしない

取り越し苦労することほど悪いことは無い。自分に悪い暗示をかけているような

ものである。心配していると、そのようになって行く。

先の事は誰にも分らないし、所詮なるようにしかならない、どんな事でも何とかなるものである。

◇自分を成長させることを、優先順位の一番上に置く

そうすれば苦難が人を成長させるので、苦難を自分の役に立てることができる。

◇いつ死んでも良いように、真剣に生きれば、死の恐怖から逃れられる

チンタラ、チンタラ生きていると死ぬ間際になって、自分が何もしていないことに気付くから、死ぬのが怖くなるのである。

要点のまとめ

①自分がどんなに思い悩んでも、外の世界は何も変わらないことを知る

自分が勝手に思い悩んで、独り相撲を取っているだけである。

②恐怖心を無くすには最悪を覚悟することである

そうすれば覚悟が決まる。

③不安は自分が勝手に思っているだけの、ただの妄想である。真実では無い
同じことを見ても、気にする人もいるし、しない人もいる。

2．人間関係を良くする方法

◇人間関係を良くするには、相手に良いエネルギーを送るだけで良い、極めてシンプルである

どんな人にも、絶対に悪いエネルギーは送らない。どんなエネルギーも、自分に一〇〇パーセント返ってくる。

これは頭で分かっていても、感情が入るために、意識しないとできない。

◇相手に良いエネルギーを送る方法

☆相手を信頼して、敬する。

☆感謝する。

相手にやって貰ったことを見れば、相手の気持ちが分かり、感謝できる。特に親にやって貰ったことを見る。

☆相手の真心を信じて任せるのが、一番良い結果に繋がる。

☆相手の都合を優先する。

自分の思いどおりにしようとするから、苦しむことになる。相手の好きなように

させてあげる。

☆相手の気持ちを分かってあげる。

人は自分の気持ちを分かって、理解してくれた人を好きになるし、相手も自分の気持ちを分かってくれる。また相手の気持ちが分かると優しくなれるし、受け入れることができる。

☆愛とは相手の気持ちを、丸ごと受け入れることである。

☆相手が喜ぶことをして、相手が嫌がることは絶対にしない。

☆人を喜ばせる一番、間違いのない方法は、相手の言うことを聞いてあげることである。

☆相手が、気の滅入るようなことは極力、言わない。元気が出るようなことを言う。

☆人と仲良くしたかったら相手を丁寧に扱う。

☆夫婦円満のコツは、お互いに相手を大切にすることである。

◇人を相手にする時は、自分がどう思うかではなく、相手がどう思うかが大事である

自分がどう思っても、相手にとっては関係ないし、自分の気持ちを押し付けると、相手は反発するだけである。

相手の気持ちを優先する。

◇相手を変えようとしない、変えようとしたら反発してくるだけである

相手を変えようと思ったら、まず自分が先に変わることである。そうすれば相手も変わる。

◇相手の気持ちが分からない時は、思い煩わないで直接相手に聞くことである。そうしないとだんだんとこじれて行く

聞けば拍子抜けするのが関の山である。

◇どんな場合でも絶対に相手を責めない、どんな人でも、どんなことでも、責めると、反発しか返ってこない

◇勘違い、取り違えで、起こったトラブルは無かったことにする

誰にでも間違いはある。

◇因は己に有り　――（誠成公倫　講話）より。

人に悪くされたら自分が気付いていないだけで、自分が先に元（原因）を作っていると思って、まず間違いない。何もしなければ、人は害を与えない、相手が例え取り違えたとしても、自分が取り違えるような言い方をしたのである。

◇説得するのではなく、そうなんやと相手に納得させる

説得しようとすると反発する。――（芳村思風先生の一語一絵のブログ）より。

◇男性と女性の違いを知る

☆女性は目先の損得を優先し、男性は将来の損得を優先するので、大きなことを決める時は男性の方が正確な判断ができる。女性は小さいことまで、気が行き届くので、家のことは嫁さんに任せる。

☆男性は全員そろって家の中にいれば、一家だんらんであると思うが、女性はコミュニケーションをきちんとしないと、寂しさを感じる。奥さんのどうでも良いような話も、きちんと聞いてあげることが大事である。――（誠成公倫　講話）より。

☆女性は物よりも、心を欲しがる。嫁さんにはプレゼント（モノ）よりも、ねぎらいの言葉を掛けてあげるほうが喜ぶ。

☆男性はやってあげることを喜び、女性はやって貰うことを喜ぶ。――（誠成公倫　講話）より。

☆男性は結論を急ぎ、女性は経過を重要視する。

☆女性は外側を見る、男性は内側を見る。

☆女性の方が、感情脳が大きいために、心の起伏が大きく、打たれ弱いので、きつい言葉は使わない。また女性は自分の状態が悪い時は何でも悪く取りやすいので注意する。

◇自分が相手のことを思っているように、相手も同じように、自分のことを思っていると思って、まず間違いがない

相手に不満が有れば、相手も自分に不満を持っているし、大切にされていないと感じられたら、相手も大切にされていないと感じている。相手の欠点が見えるということは、相手も自分の欠点が見えているということである。

結婚して数年もたつと、相手の悪い所ばかりが、目につくために、ほとんどの人が結婚する相手を間違えたと思うことになる。

お互い様である。――（芳村思風先生の一語一絵のブログ）より。

◇他人や自分を許すコツは、完璧な人はいないことを知ることである

みんな良い所もあるし、悪い所もある。得意なこともあるし、苦手なこともある。

トータルで見ればみんな同じようなものである。

◇すべての人を受け入れる

そういう人であるというだけである。人間とはどういう人であるとは決まっていない、自分が勝手に思っているだけである。

◇腹が立ったら、相手の立場でものを見る

そうすれば相手の気持ちが分かり、許すことができる。

◇トラブルがあった時は、変に気を使うと相手も意識してこだわりを持つので、トラブルが無かったように、いつもと同じように振る舞う方がうまく行く

◇人間関係は悪化したら、相手を信頼できなくなるし、責められたら、責め返そうとするために、どん、どん、悪化するので早めに手を打つ

先に謝る。

◇人に（問題点）指摘されるのを恐れ、言われないように神経を使うよりも、自分の思うようにやって、言われた時は、ハイ分かりましたと、改める方が楽である

要点のまとめ

①すべての人に良いエネルギーを送る。絶対に悪いエネルギーは送らない

3．人が自分のことをどう思っているのか、気にならない方法

◇人間は関心が有るのは自分のことだけである。人のことなど自分のことを思う一〇〇分の一くらいである

みんな自分のことで精一杯である。人のことなど思っている余裕はない。

◇相手が自分のことをどう思っているのか、と思うのは、相手が思っているのではなく、自分がそう思っているだけである

◇自分のことを、相手がどう思うかは相手の問題である

人によって違う。良い所を見る人もいるし、悪い所を見る人もいる。みんな一人一人違うのである。

◇人は自分を少しでも良く見せようと神経を使うが、実のところ誰も見てくれない

無駄骨である。有りのままで行く。

◇相手が自分のことをどう見ているかは、自分から見て相手がどう見えるかで分かる

自分が相手を思っているように、相手も自分のことをそう思っていると思って、まず間違いがない。

自分にとっては、相手はどうでも良い人間であれば、相手にとっても、自分はどうでも良い人間である。

自分だけ関心を持って貰おうとするのは思い上がりである。

◇自分を良く見せようとすることは、恥の上塗りになるだけである

後でボロが出る。

◇相手に冷たくされた、無視されたと思ったことが起きても、こちらに思い当たることが無ければ、こちらには関係なく、相手の都合である場合が、ほとんどである

要点のまとめ

①人間は関心が有るのは自分のことだけである。他人のことなど自分のことを思う一〇〇〇分の一くらいしか興味がない

みんな自分のことで精一杯である。人のことなど思っている余裕はない。

②相手が自分のことを、どう思っているのかと思うのは、相手が思っているのではなく、自分がそう思っているだけである

4．仕事など辛いことをする時に、楽にやる方法

⑴辛いことを見ないで済む方法を考える

◇創意工夫をする（正確に、早く、楽にやる方法を考える）

そうすれば「苦」→改善→「楽」の結果を知りたい方に気が移るので、苦しい思いをしなくて済む。また人よりも正確に早く楽に出来るので、仕事面で優位に立てる。

ただし、どれか一つでも欠けているとダメである。悪い製品を作ったら市場クレームに繋がるし、早くできなくては生産性が悪くなり、その結果、仕事がきつくなり続かない。この考え方は、家事など何にでも使える。

◇仕事を楽にやるには、仕事に使われるのではなく、仕事を使うことである

上司の指示で動くのではなく、自分がどうやったら良いかを考えて行く。自分の損得は考えずに、どうしたら一番、効率的かを考えて、経営者感覚で事を行う。

どんな事でも自分がやる気になったら、辛さを感じずに済む。

◇必要が人を動かす

絶対にやらなくてはいけないことは、やることの辛さは見ないで済む。

◇苦しいことを楽にやろうとしたら、一石二鳥、三鳥でやれば、苦難を見なくて済む

歩く時に、姿勢を意識すれば、歩くことの辛さを見ないで済むし、歩くと、血圧は下がるし、血糖値も下がり、便、尿、おならが出やすいなど、良い面を見ると、歩く辛さを見ないで済む。

辛さを見なければ辛さが消えて無くなる。

◇「歩くことを楽しむ」と唱えながら歩くと、潜在意識に暗示がかかり、楽しく歩ける

◇やっていることの辛い部分は見ないで、目的だけを見る

例／歩くことの辛さを見ないで、健康になる為にやっていることを見る。

◇危機感、恐怖心が人を動かす

やりたいことを危機感や、恐怖心と結びつける。

恐怖心ほど人を動かすものは無い。病気などと結びつければ、辛いダイエット、禁煙なども、比較的、簡単にできる。またこのままでは大変になると思ったら、辛さを見る余裕が無くなり、やるしかないと覚悟が決まる。
覚悟すれば辛さを見なくて済む。

◇自分にとって役に立つ部分や、楽になる部分を見る

人間関係や仕事の辛さが自分を成長させるのである。辛い思いをすれば、するほど、成長できるし、後で楽ができる。

◇気の重いことほど、先に済ませる

後回しにすると、何時までも嫌な思いをしなくてはいけない。人は辛いことほど後回しにする。

◇大きな気の重いことをやる前に、小さな気の重いことをやると、小さな気の重いことの辛さを見なくて済む。

また、待ち時間を利用してやると楽にできる。

◇体の力を抜いて、気（イメージ）で行えば辛さを見なくて済むし、集中でき、楽に、正確にできて、無駄な力を使わなくて済むので倍位のパワーアップができる

体が自分のイメージどおりに動くためである。

◇きつい運動やリハビリをする時に、体をほぐすと唱えながらやる

そうすれば体がほぐれるイメージが湧き、体の力が抜けて楽にでき、辛さを見なくて済む。

(2) その他

◇恥骨をくぼませて肩の力を抜いて行えば、楽にできるし、また体が安定し、健康にも良い

重い物など持つ時は、恥骨をくぼめて、ひじに力を入れると、力が入る。

◇気の重いことをやる時は、何も考えずに、とにかくやり始める

ほんの小さいことを、少しでもやり始めると、モット、モットの法則が働き、ほおっておいても、楽にできる。やり始めたら終わりである。

どんな事でも、最初は、むつかしいと思っていても、やり始めると、進んで行き、なんとかなるものである。

要点のまとめ

①創意工夫をする

正確に、早く、楽にやる方法を考える。

②仕事に使われるのではなく、仕事を使うことである

自分の損得は考えずに、どうしたら一番良いかを考えて行く。

③何も考えずに、とにかくやり始める

そうすれば後は、楽にできる。

5．病気を治す方法

◇病気は医者に任せ、病気を治す為に自分にできることを精一杯やって、後は神様に任せるしかない

◇病気の心配をすればするほど悪くなっていくので、病気を治すには忘れることが一番である

病気の心配ばかりしていると、病気だけで人生が終わる。

☆忘れるには、なるようにしかならないと、覚悟をすれば、病気を見なくて済む。

先の事は誰にも分らないし、所詮なるようにしかならない。

☆忘れる方法は、世の為、人の為に役に立つことを積極的にやって行くことである。また何か目標を持つ。

これから死ぬまでを最高に生きる方法を、自分なりに確立するとか、自分を磨く（立派な人間になることをめざす）など。病気は横に置いておいて、自分のやりたいことに集中する。

☆病気を受け入れる。

年をとったら体力も落ちるし、病気になるのが当たりまえであり、みんな通る道である。

昔は人生五〇年といわれていた。それ以上生きている人は、余分に生きているわけであり、病気になって、辛い思いをするのはしかたのないことである。

☆高齢者の持病は、死ぬまで、騙し騙し、生きて行くより方法は無い。

持病も死ぬまで大事にならなければ、何も問題ない。

☆病気を役に立てる（良い面を見る）。

病気にかかかった時しかできないことをやる。本を読んだり、身体をゆっくり休めたりする。

病気になったおかげで、人生を見直すこともできるし、健康のありがたさを知ることができ、当たり前と思っていたことに感謝することができる。

あくまで個人的な見解だが、癌にかかれば、闘病は苦しく長い。しかし、健康体であっても認知症にかかって長生きするよりは良いと考える人もいるかもしれない。

要は病にかかっても下ばかり見ず、前向きに生きることを考えれば、周りの人に感謝することもできるのではないだろうか。

☆忙しければ、忙しいほど、他のことを考える余裕が無くなるので、不安を忘れたい時は自分を忙しくする。

◇気になることが有れば早めに病院に行って、どんな病気か、どの程度悪いのかを確認してから、どうするかを決める

どんな病気にかかっているかが怖くて行かないのを、仕事が忙しいことなどを言い訳にして、そのままにしていると、手遅れになって、早死にすることになる。

病気など不安なことは、どんな病気でどの程度悪いかが分かると、覚悟ができ、心が落ちつく。

◇家族に痛いとか言って、家の中に毒を撒き散らかさない

家族に言うと、聞いている人まで、病気になったような気持ちになり、家の中が暗くなる。

要点のまとめ

①病気は医者に任せ、病気を治す為に、自分にできることを精一杯やって、後は神様に任せるしかない

6．病気にかからない方法

病気にかからないためには、肉体的なことよりも、精神的な健康を重視する

◇ほとんどの人が、無意識の内に自分に悪い暗示をかけて、老化や病気を呼び込んでいる

老化や病気の心配ばかりすると、自分の思ったとおりになって行くので、できるだけ考えない。

◇邪気が病気を生むので、悪い感情は極力表に出さないようにする

◇気を強く持つ

☆やって貰う側から、やってあげる側にまわる。

人を当てにしているということは、相手に自分の人生を牛耳られているようなものである。

自分の人生を生きたいと思ったら、やってあげる側にまわることである。

元気で生きている人と、しぼんでいる人の違いは、自分が役に立っていると思っ

ているか、じゃまものであると思っているかの違いである。

☆年は自分が勝手に取っているのである。

年は自分が決めることである。心の若さと元気は正比例する。気が縮かむと、背中が曲がり、腰が曲がって、体が縮かむ。五〇歳以上になったら、年齢と関係なく老い方が違ってくる。

☆気を若く持ち、自分を年寄り扱いしない、させない。

人に甘えない。甘えると気がしぼみ、免疫力が低下し。年寄りになって行く。ある本に、孫に「おばあちゃんではなく、オカアチャマと呼ばせている」という人がいると掲載されていた。

☆神様、薬、お金、人、保険などに頼らない。

頼ると気弱になり、免疫力が落ちる。神様、人、薬などを当てにすると気が緩み、努力をしないし、薬の副作用で苦しむことになる場合もある。また保険に頼ると、無意識に病気になっても保険があるから……と安心してしまい、逆に病気を呼び込むことになる。

自分のことは自分でけりをつける。

◇健康でいたかったら、体の姿勢と生きる姿勢を良くすることである

◇元気で長生きする方法は、外に出て行くことである

できるだけ遠くに行く、家から離れれば、離れるだけ健康で長生きできる。家の中でテレビばかり見ていると、すぐ動けなくなるし、呆けてくる。高齢者でも元気で、海外を飛び回っている人もいる。

◇免疫力を高める

☆やって貰うことばかり考えていると、免疫力が低下する。

☆過度の用心が免疫力を弱める。バイ菌を怖がれば、怖がるほどに免疫力が低下する。

☆自分の得意なことで、世のため人のために貢献していくことが、一番元気になり、免疫力が高まる。

☆病気やケガをしないように気をつけるのではなく、病気やケガをしないような、体力作りを行う。

☆厚着をしない。——（中村天風の会）より。

☆自分を立派な人間であると思えれば、元気が出て、免疫力が高まる。そのためには利他で動く。

◇老齢になったら、体を動かすことが大事である。筋肉と筋を伸ばさないと、筋肉も筋も縮かんで固くなり、動かなくなる

夜中にトイレに行く時に、起き上がって歩くまで辛いが、これと同じことが起こる。楽をして、健康になろうとするのは、無理がある。それなりの努力をしないといけない。寝たきりになりたくなければ動くことである。

怠け者に明日は無い。

◇老化や死はどんなことをしても、無くすことはできないが、遅らせることはできる

健康管理をすれば、するほど、遅らせることが可能である。

健康管理をするには、体に良いと聞いたことは、とにかくやってみて、自分に合うものは、取り入れていく。

◇高齢になったら、もの忘れがひどくなるが、もの忘れを減らすことはできる

☆意識して記憶すればもの忘れを防げる。記憶する時に何かと結びつける。また確認を念入りにやれば忘れにくい、再確認をする。

☆歩くことも、指先を動かすことと同じくらい、効果がある。また大股で歩くと、運動量が促進されるし、呆け対策になる。呆けてきたら、足幅が縮かんで狭くなって

くる。

☆呆けを心配すると、呆けることを見るためによけい呆けてくる。

◇病気にかかりたくなかったら、肩の力を抜いて生きることである

物事に執着しなければ、楽に生きられるし、病気にもかかりにくくなる。

◇誰にでも間違いも失敗もある。人も自分も許す

そうすれば邪気を溜め込まないで済む、怒りが邪気を生むのである。

◇健康でいたかったら贅沢三昧はしない

贅沢をすると、人間は腐るし、病気にかかり、なにも良いことは無い。

◇お年寄りには、元気で長生きしてほしかったら、好きなようにさせてあげる

お年寄りに危ないからあれをしたらいけない、これをしたらいけないと言って何もさせないと、無気力になって、直ぐに頭は呆けてしまうし、寝たきりになる。

要点のまとめ

①自分が、人の役に立っていると思うことほど、いつまでも元気で、長生きする方法はない

②健康でいたかったら、体の姿勢と生きる姿勢を良くすることである

7．幸せになる方法

◇幸せになりたかったら、幸せになろうとしないことである

幸せになろうとしたら不幸せの部分を無くそうとして、不幸せの部分ばかりを見ることになり、何時までたっても幸せになれない。

自分が幸せになろうとせずに、周りの人を幸せにすることである。そうすれば自分に返ってくる。

◇どの部分を見るかで、簡単に幸せになることができる

自分の不幸な部分を見ないで、自分の幸せな部分を見るようにする。

自分が不幸せであると思っている人は、十のうち九の何も問題ない部分を見ないで、たった一つの不幸の部分だけを見て、自分は不幸だと思っている。そんな人が沢山いる。

何も問題の無い部分を見るようにすれば、自分は幸せであると思える。幸せになろうと思ったら、自分が充分に幸せであることに気付くだけで良い。

ある本に、難病に幾度もかかって、大変な辛い思いをしているのに、明るく元気

で生きている人に、「なぜそんな辛い思いをしているのに、明るく生きて行けるのですか」と訊ねたところ、

「九の不幸せの部分を見ないで、一つの幸せだけを見て生きている」と載っていた。

◇幸せを感じるには、小さな幸せを寄せ集める

◇幸せになるには夫婦仲良くすることである

奥さんとしたら子供に目が行きやすいが、幸せになろうと思ったら、旦那を一番大事にすることである。そうすれば家庭がうまく行くし、旦那も頑張って出世をする。その結果、円満になり子育てもうまく行く。――（誠成公倫　講話）より。

◇幸せになるには、いつも笑顔で明るく、元気に生きて行くことである

そうすれば周りが明るくなってくる。

◇どんなことでも喜んで感謝していくことである

おかげさまでといって生きて行くと、みんなから大切にして貰える。

◇幸せになるには心のレベルを上げることである

ささいな事でも良いので、世の中の役に立つ事を積極的にやって行き、人に喜び

を与える、大きなハンディキャップを背負っている人でも明るく元気で、生きている人は沢山いる、共通するのは皆が世の為、人のため役に立つことをやっているという事である。

☆利他で生きる利益。

☆自分の世界が大きくなる、利他で生きると、ひよこが卵から孵《かえ》ったような大きな世界が広がり、自分の宇宙を大きく素晴しいものにできる。

☆人に喜んで貰え、人を幸せに出来るし、自分も幸せになれる。

☆心のレベルが上がるし、心に余裕が生まれる。

☆自分が世の中の役に立っていると思えるので元気が出てくる。

☆不安や恐怖、病気を忘れることが出来る。

　世の為、人の為にやっている間は、不安や恐怖を見ないで済むので、不安や恐怖から心を切り離せる。自分の思いを外す良い方法である。

☆自分の周りの場が明るくなって来る。

要点のまとめ

①自分が幸せになろうとせずに、周りの人を幸せにする

②幸せになりたかったら、自分の不幸な部分を見ないで、自分の幸せな部分を見ることである

③いつもニコニコ顔で明るく、元気に生きて行く

8．運を良くする方法

◇運が良いか悪いかは、自分が決めているのである

例え宝くじで、一億円が当っても、其の為に身を持ち崩してしまい、挙句の果てに家庭破壊になったら、運が良いとは誰も思うことは出来ない。

何でも役に立てれば運が良かったことになるし、害にすれば運が悪かったことになる。

◇人が喜ぶことを行っていく

周りの人が喜ぶことをやって行けば、自分に返ってくる。

◇ケチの付いたことはやめておく、たいがい上手くいかない

◇揉めない

揉めると必ず、お互いに何かを失い損をする。

会社で揉めると部下は飛ばされ、上司は成績が落ちる。

意見が合わない時は、最終的には責任を取る人が決める。

要点のまとめ

①運が良いか、悪いかは、自分が決める事である

何でも役に立てれば運が良かったことになるし、害にしたら運が悪かったことになる。

9．自信を持つ方法

◇これだけは誰にも負けないというものを一つだけ持つ
　そうすれば、どんな事もやればできると思えるようになる。
◇小さな成功を積み重ねる
◇再確認をしておくと、自信を持ってことを行える
◇難しいことを一つでもやり抜くと、自信がつき、人間が変わることができる

要点のまとめ

①これだけは誰にも負けないというものを一つだけ持つ

10. 間食を食べ過ぎない方法

◇食べ過ぎる事で不健康になり、その結果、病気になる可能性に結びつける

◇なぜ食べたいのか、一旦冷静になり考えると食べたい気を外せる

体が欲しがっているのか、精神的なものか、モットモットの法則が働いているのか。

◇決めた以上食べたくなったら、とにかく一旦、食べることをやめ他のことを一〇分間以上やってみる

◇体の習性

☆体が先に欲しているものを多く取り込む。

よって、サプリメント・野菜など自分の体内に取り込みたいものを先に食べて、ご飯（コメ）・甘いものなどは最後にする。

☆少しでも決めた以上食べると、期待脳が働くために、モット、モットになり、いくら食べても満足することができないので、大量に食べてしまう。

☆食べれば食べるほど、食べ物を見るため、よけい食べたくなる。逆に食べないと、食べたくならない。

☆今日やっていることが、今日だけでは済まない、明日も明後日も、ずっと同じことを繰り返す。
☆断食や腹を空かせた後に食べると、防衛本能が働いて栄養分を多く取り込む。
☆ご飯など食べる量を減らした時は、少しずつ何回にも分けて食べると、多く食べた気がする。
☆お菓子やケーキ類など、甘くて消化の良いものは、血糖値が急激に上がるために好ましくない。血糖値が高いまま下がらない状態が続くことを高血糖と呼び、この状態が長く続くと動脈硬化を引き起こし、糖尿病など様々な病気を発症する危険が高まる。植物繊維には血糖値の急上昇を抑える働きがある。
☆水分摂取量が多い人は、高血糖症の発症リスクが低いことが、ある研究結果で示されている。特に烏龍茶はカロリーがゼロなのでおすすめである。また水分を沢山取ると、お腹を膨らませ食べ過ぎを抑えることが出来るし、便の出も良くなり、老齢になったら体の水分が減って行くので、水分不足を補うこともできる。但し、やみくもに水分を摂取すれば良い訳ではなく、正しい水分補給を行う必要がある。

要点のまとめ

①体の習性を利用する

11. 生きる姿勢を良くする方法

◇自分を磨き、魂を磨く

◇人にも、ものにも、自分にも、良いエネルギーを送る

◇自分の損得だけで生きない

自分の損得だけで生きているうちは、いくらお金があろうと、地位が高かろうと、人間半人前である。他の動物とたいして変わらない。

◇良いことを思い、良いことをやって行くことが、最高の人生につながる

あの京セラの名誉会長である稲盛さんも言っている。

◇どんな時でも、明るく、元気で、活き活きと生きる

◇人事を尽くして天命を待つ生き方をする

正しいことを積極的にやって行く。何時死んでも良い、死ぬ時に後悔しない生き方をする。今やっていることを、精一杯やる。チンタラ、チンタラ生きていると死ぬときに後悔することになる。

◇目標を持って生きる

目標を持たないと、羅針盤を持たない、航海みたいなものである、どこに行くか分からない。

◇自分の得意なことで、世の中に貢献する

◇どんな事でも自分の役に立てる

物事の良い面を見て自分の役に立てる。

◇やってあげる側に廻る

◇自分が良いと思ったことは、どんどん取り入れていく

◇より良い方法を考えて行く

考えないと進歩はない、考えれば、どんなことにも策はある。

◇みんな色々な自分が居り、どの自分を出すかが大事である

良い面を、前面に出す。悪い面は、出さなければ無いのと同じである。

◇人生すべて自分の責任である

◇何でも魂を入れて行う

何事も魂を入れてやらないと、ものにはならない。

◇体の姿勢を良くする

体の姿勢は生きる姿勢に通じる。体の姿勢が、その人の生きる姿勢を表している。

◇良い習慣を身に付ける

習慣が人を作る。

◇年を取ると肉体は衰えるが、精神は死ぬまで向上させなくてはならない

◇たった一回限りの人生である、命は役に立つことに使わないと損である

立派な人間になる。

要点のまとめ

①立派な人間になる

自分を磨き、魂を磨く・人にも、物にも、自分にも、良いエネルギーを送る・利他で生きる。

この三つさえきちんとやっていけば、まず間違いのない人生が送れる。

第三部　総まとめ
上に行く人と、落ちていく人の違い

◇上に行くか、下に落ちていくかは、自分の役に立つものを見るか、害になるものを見るかで決まる

役に立つもの［希望、目標、愛、向上心、元気の出るもの、プラス思考など］
害になるもの［妬み、怒り、嫉妬、自分はダメな人間であると思うこと、マイナス思考、気の滅入ること、病気の心配、自分を年寄り扱いすることなど］

◇目標を持ち、目標に没頭すればするほど良いものを見ることができる

これが自分に役に立つものを見る一番簡単で良い方法である。目標を持っていない人は、とりあえず最高に生きる方法を、自分なりに確立することである。

◇人、もの、自分に良いエネルギーを送っているか、悪いエネルギーを送っているか

どんなエネルギーも自分に一〇〇パーセント返ってくる。人の喜ぶことを行い、嫌がることは絶対にしない。

◇心のレベルが高いか低いか

利己で生きるか、利他で生きるか、自分の損得だけで、生きていると下に落ちていく。

◇生きる姿勢が良いか、悪いか

☆立派な人間になろうとしているか。

☆努力する人と、しない人。

努力すればするだけ上に行ける。下に落ちて行く人は、何の努力もしないで、楽をして、儲けることばかりを考えている。

☆向上心が有るか、無いか。

もっと良い方法は無いかと、考える人、考えない人。

◇強く生きる

☆神様も、人も、薬も当てにしない。

当てにすると、当てが外れるのが関の山であり、また当てにしたら、甘えが出てくる。自分のことは自分でけりをつける。

☆苦から逃げない。

逃げれば逃げるほど、大きくなって、追いかけてくる。苦しい時にどうするかでその人の運命が決まる。何でも自分の役に立てて、苦難を乗り越えるか、苦難から逃げて、押しつぶされるか。

◇上に行く人と、落ちて行く人の違いは、目先の利を追うか、将来の利を追うかの違

いである
◇夫婦仲が良いか、悪いか
◇落ちて行く人は、外の世界で人生が決まると思っているが、上に行く人は、自分が今やっていることが、将来の自分を決めると思っている
自分の人生は、自分が決めているのである。責任も自分が取るしかない。
◇自分の良い所を出している人が、良い人生を送り、悪い所を出している人は、悪い人生を送っている
◇プラス思考か、マイナス思考か
マイナス思考がひどくなると、心の病気になる。ただし能天気すぎると大きな失敗をする。
◇自分の周りの環境が大きく作用する
環境と心は正比例する。狼に育てられたら狼になる。良い環境に身を置く。自分にとって役に立つものに近づき、害になるものには近づかない、近づけば近づくほど引き寄せられる。

要点のまとめ

①上に行く人と、落ちて行く人の違いは、何を見るか、ただそれだけである

自分の役に立つものを見れば上に行くし、害になるものを見れば落ちて行く。

あとがき

●何をやるのも、どう生きるのも、自分の勝手であるが。責任も自分が取るしかない、誰も取ってくれないし、取りようもない

●自分の人生はこれから死ぬ時までである。過去は関係ない、死ぬ時に後悔しないためには、これからをどう生きるかである

■参考資料

おもな参考書

◇一番影響を受けたのは**ナポレオン・ヒルの『成功哲学（監修者・柳平彬）**産業能率短期大学出版部』です。今までに本を一〇〇〇冊以上読みましたが、これ以上魂が入っている本は読んだことが有りませんし、凄く役に立つのでお勧めです。

◇その他、**『常岡一郎一日一言（著者・常岡一郎）**致知出版社』は心に関する言葉ですが、一五年間トイレの掃除をやりながら、旅をしただけあって、言っていることが深く、一番僕に合っており、腑《ふ》に落ちました。

◇他に**月刊誌「致知**（致知出版社）」。人間学の本であるが、なかなか役に立つ。

■おもな講演会

◇**誠成公倫**　幸せになる方法の講話を行っている所ですが、話の内容が、なかなか深い。

◇**感性論哲学　芳村思風塾**　理性時代から感性時代に移行を提唱しています。

興味のある方は（芳村思風先生の一語一絵のブログ）https://ameblo.jp/

shihoo-y/を見て下さい。無料です。良いことを言っていますよ。

◇**中村天風の会**　人間力を磨く所です。昔は日本のトップクラスの政治家が受講していました。

筆者からのお願い

以下の活動を行っていますので、宜しければ是非応援をお願いします。

地球上から戦争を無くそう

人類は誕生以来、何万年以上も殺し合いを続けてきました、もう充分殺しあったでしょう。同じ部族同士で殺し合いをするのは愚の骨頂であると思います。罪のない小さい子供たちを巻き添えにして殺すのは、もう止めさせましょう。

（地球上で子供の兵隊が一二〇万人とも三〇万人とも言われています）

いま生きている私たちの手で戦争を無くしたいと思っています。何百年、何千年か後には地球は一つになると思いますが、その間に多くの子供たちが戦争の巻き添えで死んで行きます。できるだけ早い方が良いと思います。いま生きている全員の力が必要です。是非あなたも支援をお願いします。もし戦争を無くすことができれば、それだけで此の世に生まれてきた値打ちが有るのではないかと思います。

1．戦争を無くす方法

イ．軍隊は全て国連だけが持つようにする。ただし現代の軍隊はそのままで最高幹部数人だけ国連から派遣し、派遣した人の人件費以外の経費（維持費など）はぜんぶ今までどおりその国が支払う、その代わり軍隊の縮小を行ったり、無くすのはその国の勝手であり、そのお金を福祉や学校、道路など国民の役に立つ事に使うのも、その国の勝手で、例え軍隊が無くなっても国連軍が守ってやるようにする。

【注】災害時の対応部隊は現在と同じくその国のトップが動かせるようにする。

ロ．国際紛争などは部族同士の争いも含めて全て国際連邦裁判所で解決するようにする。ただし判決の基準はどちらが正しいかではなく、両方がどうやったら仲良く暮らせるかを判決の基準にする。

地球は誰のものでもなくただ一時的にその土地に住んでいたというだけである。

2. この案に賛同される方は是非後押しをお願いします

◇思いだけでも結構ですので是非お願いします。地球上の六〇~七〇パーセントの人が賛同し、その思いが地球を包み込めば、きっと地球は動き戦争の歴史を終わらせることができます。賛同者が一〇〇万人になったらそれを後ろ盾にして、他の平和団体（宗教団体も含む）に呼びかけて戦争を無くすという事だけで一つにしようと思っています。

たぶん宗教団体だけでも六〇パーセント以上いくのではないかと思います。そして宗教サミットで賛同していただいた時点で会をきちんと結成して、役員は大国の大統領と互角に話ができるような優秀な人になって頂き、その会を中心にして戦争を無くす為の行動を行っていきます。

◇具体的にはまず現代、部族同士で戦争をしている小さい国から順番に優先順位をつけて、とりあえず優先順位の一番高い国を一国、理想的な国にすることに全力を挙げ、その後は一国ずつ確実に戦争を無くしていったら良いと思います。ぜんぶの国が国連に軍隊を預けるのは長い年月（一〇〇年・二〇〇年）をかけても何も問題はない。

3．その他

◇優先順位の一番高い小さい国の部族間の戦争を無くすことができ、地球上から戦争を無くせる見通しが立った時点で、最初に賛同してくれた一〇〇万人の人たちは、戦争を無くす為に立ち上がった勇士として、名簿を半永久的（一万年位）に保存したいと思っています。

☆方法は二〇メートル四方の穴を掘り、真ん中に金庫に入れてコンクリートで埋め込み、開かずの扉にするつもりです。

◇名簿は賛同者の人数を調べることと、名簿を半永久的に保存する以外には絶対に使用しません。

◇会から個人宛にいっさいメールやハガキは送りませんので、もし会からメールやハガキが来たら偽物として処分してください。

◇名簿の管理

イ．パソコンが潰れても良いように、ＤＶＤ・ＳＳＤで毎日名簿の抜き取りを行っていきます。将来は連続でコピーして行くことも考えています。

ロ．一万人になったら、パソコンから抜き取って、銀行の地下金庫に保管していきます。

4．会の概要

会名　地球上から戦争を無くす会
会の代表　大海　行雄
会の住所　大阪府岸和田市磯上町３丁目16－13
ホームページＵＲＬ　http://buru-ba-do.com/
メールアドレス　daikai@buru-ba-do.com
電話番号（自宅）　０７２―４３８―８２６５

5．良くある質問

☆賛同したら何かをしなくてはいけないのですか？
何もしなくて良いですが、できたら他の人に教えていただけたら有り難いです。

賛同していただける方は住所・氏名をホームページからか、ハガキでお願いします。

大海　行雄（だいかい・ゆくお）

1949 年生まれ。
大分県姫島村中学校卒業後オーンタイヤ K.K に就職（チューブ製造）、
後に住友ゴム K.K に吸収合併される。
50 歳から実験部に配置転換。2010 年に定年退職（60 歳）。
2019 年、地球上から戦争を無くす会を立ち上げる。
今回が初の出版となる。

人生、上に行く人、落ちる人 —幸福へ導く心のコントロール方法—

2020 年 2 月 10 日第 1 刷発行
著　者　大海行雄
発行人　大杉　剛
発行所　株式会社 風詠社
〒 553-0001 大阪市福島区海老江 5-2-2
大拓ビル 5 - 7 階
TEL 06（6136）8657　http://fueisha.com/
発売元　株式会社 星雲社（共同出版社・流通責任出版社）
〒 112-0005 東京都文京区水道 1-3-30
TEL 03（3868）3275
装幀　2 DAY
印刷・製本　シナノ印刷株式会社
©Yukuo Daikai 2020, Printed in Japan.
ISBN978-4-434-26971-4 C0095

乱丁・落丁本は風詠社宛にお送りください。お取り替えいたします。